傀儡皇帝——汉献帝

◎ 主编　金开诚

◎ 编著　管宝超

吉林文史出版社

吉林出版集团有限公司

图书在版编目（CIP）数据

傀儡皇帝——汉献帝 / 管宝超编著. -- 长春 : 吉
林出版集团有限责任公司, 2011.4（2023.4重印）
ISBN 978-7-5463-5044-8

Ⅰ. ①傀… Ⅱ. ①管… Ⅲ. ①汉献帝（181～234）—
生平事迹 Ⅳ. ①K827=342

中国版本图书馆CIP数据核字（2011）第053477号

傀儡皇帝——汉献帝

KUILEI HUANGDI HANXIANDI

主编/ 金开诚 编著/管宝超

项目负责/崔博华 责任编辑/崔博华 高原媛

责任校对/高原媛 装帧设计/柳甬泽 张宣婷

出版发行/吉林出版集团有限责任公司 吉林文史出版社

地址/长春市福祉大路5788号 邮编/130000

印刷/天津市天玺印务有限公司

版次/2011年4月第1版 2023年4月第5次印刷

开本/660mm×915mm 1/16

印张/9 字数/30千

书号/ISBN 978-7-5463-5044-8

定价/34.80元

前　言

　　文化是一种社会现象，是人类物质文明和精神文明有机融合的产物；同时又是一种历史现象，是社会的历史沉积。当今世界，随着经济全球化进程的加快，人们也越来越重视本民族的文化。我们只有加强对本民族文化的继承和创新，才能更好地弘扬民族精神，增强民族凝聚力。历史经验告诉我们，任何一个民族要想屹立于世界民族之林，必须具有自尊、自信、自强的民族意识。文化是维系一个民族生存和发展的强大动力。一个民族的存在依赖文化，文化的解体就是一个民族的消亡。

　　随着我国综合国力的日益强大，广大民众对重塑民族自尊心和自豪感的愿望日益迫切。作为民族大家庭中的一员，将源远流长、博大精深的中国文化继承并传播给广大群众，特别是青年一代，是我们出版人义不容辞的责任。

　　本套丛书是由吉林文史出版社和吉林出版集团有限责任公司组织国内知名专家学者编写的一套旨在传播中华五千年优秀传统文化，提高全民文化修养的大型知识读本。该书在深入挖掘和整理中华优秀传统文化成果的同时，结合社会发展，注入了时代精神。书中优美生动的文字、简明通俗的语言、图文并茂的形式，把中国文化中的物态文化、制度文化、行为文化、精神文化等知识要点全面展示给读者。点点滴滴的文化知识仿佛颗颗繁星，组成了灿烂辉煌的中国文化的天穹。

　　希望本书能为弘扬中华五千年优秀传统文化、增强各民族团结、构建社会主义和谐社会尽一份绵薄之力，也坚信我们的中华民族一定能够早日实现伟大复兴！

目录

一、少年磨难 ———————— 001

二、献帝登位 ———————— 019

三、董卓之乱 ———————— 045

四、李傕、郭汜之乱 ———————— 083

五、曹操"挟天子以令诸侯" ———————— 105

六、曹魏代汉 ———————— 125

一、少年磨难

东汉后期，外戚、宦官集团争相控制皇帝，把持朝廷大权。外戚与宦官的干政和弄权造成了社会的动荡不安，使得东汉政权危机四伏。桓帝统治时期，先是由外戚梁冀专政，后有宦官单超等擅权，政治极其腐败混乱，豪强地主大肆兼并土地。加之灾荒频繁，万民饥寒，出现了"田野空、朝廷空、仓库空"的困难局面。桓帝却只知花天酒地、尽情享乐，后宫采女五六千人，衣食华丽精致，极尽天下的佳品，浪费的钱财不计其数。

汉灵帝刘宏继位以后，在政治上更加昏庸无为，在生活上也更加淫侈腐化。他不理政事，由宠信的宦官侯览、曹节等人操纵朝政。汉灵帝跟宦官狼狈为奸、胡作非为，搞得国库空虚、民不聊生。中平元年（184年），终于爆发了黄巾大起义。起义虽然被镇压下去，但人民的反抗斗争却此起彼伏、连绵不断。献帝就是在这样的环境下诞生的，汉献帝刘协是汉灵帝的第二个儿子，生于光和四年（181年），他在出世以前，在娘胎中就已开始遭受磨难。

（一）母亲惨遭不幸

献帝刘协出生后不久，他的母亲王美人突然死去。汉灵帝得到报告后，亲自前去看望，只见王美人四肢青黑，分明是中毒而死，不禁潸然泪下，灵帝心中十分清楚，这一定是何皇后干的。

何皇后是屠家女儿，出身微贱，在好色的汉灵帝选美时，被送入宫。她生得花容月貌，肌肤莹艳，骨肉匀称，因而很受灵帝宠爱。一年后，她生下一个男孩，取名为刘辩，这更提高了她的地位，先被封为贵人，后又册立为皇后。她的哥哥何进，被封为侍中。恰巧，王美人也在这时生了一个男孩，取名为刘协。王美人是前五官中郎将王苞的孙女，姿色与何皇后不相上下，但她的才能却远远超过何皇后，她能书能算，擅长应对，很受灵帝的宠爱。

面对这样一个现实和未来的竞争对手，嫉妒心极强的何皇后几次图谋陷害她，但聪敏的王美人时时处处严加防范，使何皇后难以下手。

刘协出生以后，王美人身体虚弱，需要服药调治，安心静养。何皇后抓住这个可乘之机，命心腹内侍偷偷地将毒放在药中，把王美人毒死。

面对这悲惨景象，灵帝怒不可遏，想废掉何皇后。何皇后惊惧不已，赶紧用钱买通宦官，从中说情，终于保住了皇后的凤冠。灵帝害怕王美人的儿子刘协再遭到不测，便让他寄居在永乐宫，交给董太后抚养。

（二）父亲荒淫无道

对自己所爱的美人尚且不能保护，灵帝的性格和为人之无能可见一斑。东汉

虽亡于汉献帝刘协之手，但汉家江山实际
上亡于桓、灵二帝，在刘协父亲汉灵帝刘
宏在位时期政治局势就已每况愈下，深深
地种下了亡国的祸根。

汉灵帝非常贪财好玩。在洛阳汉灵
帝后宫，经常会见到这样的场面：经过一
番紧张的准备布置之后，后宫中出现了一
条商业街，和城里的市场一样，店铺林
立，叫买叫卖，十分热闹。所不同的是，这
是经汉灵帝的命令，用宫中的珠宝、绸缎
及各种什物充实起来的市场。买卖商品

的，都是宫中的宫娥采女，灵帝本人也穿
上商贾的服装，到各家商店中去购买东
西，有时则充当店主，讨价还价地做买卖
玩耍。他有时到酒馆去饮宴，以此取乐。
实际上，店铺中的货物，都被那些采女们
明拿暗偷，所剩无几了。

　　这种充当商贾的玩法玩腻了之后，
灵帝又玩起狗和驴来。在西园游乐场，汉
灵帝与一班无赖子弟玩狗，给狗戴上进
贤冠和绶带。东汉时的进贤冠，是文官用
的，前高八寸，后高三寸，长八寸。给狗戴

上文官的帽子，虽然是对官员的一种污辱，但有些官吏欺压百姓，无恶不作，岂不和恶狗差不多吗?

灵帝还用驴驾车，他亲自操鞭执辔，驰驱于苑中。这件事被京城的人知道了，争相仿效，本来低廉的驴价，一时骤然提高，与马价相等。

这样无聊、贪玩、荒淫的君王，怎么能治理好国家?

灵帝还是个十分贪财的皇帝。他在西园开办了一个官位交易所，明码标价，公开卖官。地方官一般比在朝官的价格

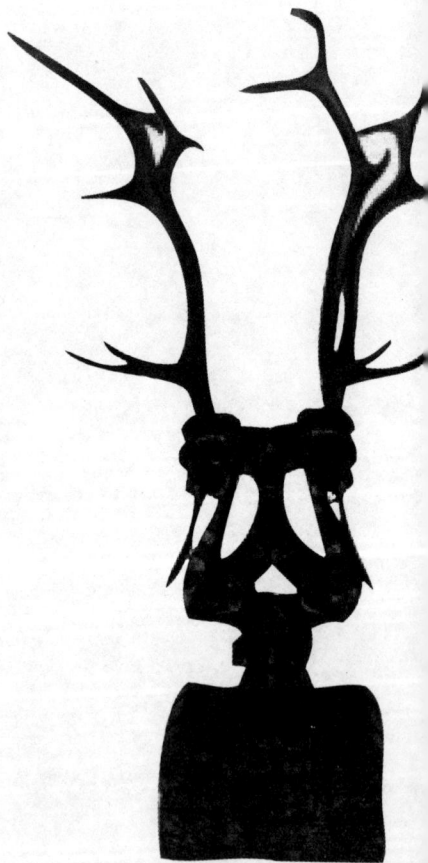

高一倍。各种官职肥瘦不等，求官的人可以估价投标，出价最高的人，方可中标上任。除了固定的价格以外，还根据求官的人的身份及财产随时加减。一般说来，价格为两千石的官，两千万钱，四千石的官，四千万钱；可以现钱交易，也可以赊欠，到任后再加倍偿还。

河北大名士崔烈接替袁隗做司徒，就是通过汉灵帝的奶妈交付五百万钱当上的。事后，灵帝还感到后悔，认为此官卖得价格太低，他对亲近的人说："如果我能沉住气，这次司徒的价钱肯定能增

加到千万。本来可卖一千万钱，现在仅卖五百万，太便宜了。"

宦官曹腾的养子曹嵩家里很富有，用一亿钱买了个太尉做，比定价高出十倍。

巨鹿太守司马直，素有清名，受诏到朝中做官，被要价三百万钱，他感慨地说："为民父母，却去剥夺人民，于心何忍？"他上书针砭时弊，然后自杀。

因为允许挂赊欠账，到任后再加倍偿还，买官者怕损失本钱又要大获利钱，所以一到任就疯狂地本利兼收。有时州郡一月内就更替官员好几次，人民被逼得"寒不敢衣，饥不敢食"，贱价出卖自己仅有的一点谷物，献给新来的官，保住全家人的性命。

汉灵帝还命令州郡送助军修宫钱，大郡多至两三千万钱，小县也不能免。除送钱外，还要"价买"木材石料，令州郡运送到京师。宦官派人点收，硬说材料不中用，只给十分之一的价钱，然后再转手卖给商人，从中牟取暴利。有些材料根本就不点收，直接让州郡再送。

汉灵帝宠信宦官，听信宦官张让、赵忠的话，在田亩税中每亩抽10钱，作为修缮宫室的费用，这使汉灵帝赚了很多钱，他感激地说："张让张常侍，就是我的父

亲, 赵常侍, 就是我的母亲。"

灵帝大量聚敛财富所造成的社会危机, 许多人都看在眼里, 中常侍吕强上疏劝谏。灵帝不予理睬, 仍然一意孤行, 我行我素。

除了聚敛财富, 掠夺人民之外, 从汉桓帝到汉灵帝, 还发生了两次"党锢之祸"。

第一次发生在公元166年。太学生三万余人, 以郭泰、贾彪为首, 他们依附

陈蕃、李膺等清流派官员，评论朝政，褒贬人物。州郡都有官学，太学生与他们相互通气，形成全国范围的政治团体，宦官及其党徒，无论是在朝或是在地方的，都受到他们猛烈的抨击。汉桓帝下诏指斥李膺、范滂等二百余人为党人，下狱治罪。第二年，汉桓帝赦党人回家，但禁锢终身，不许再做官。

第二次发生在公元168年。灵帝即皇

帝位时，只有12岁，窦太后临朝，窦武掌管朝政。窦武与陈蕃、李膺等人想诛杀宦官，因事泄露，窦武、陈蕃二人反被宦官杀害。二人死后，灵帝又大兴党狱，杀死李膺、范滂等一百多人，禁锢六七百人，太学生被捕者一千余人。

灵帝晚年，面临着选择继承人的问题。灵帝长子刘辩，为何皇后所生，举止轻浮，没有做皇帝的威仪，灵帝不喜欢他，打算立少子刘协，但又怕何皇后和何进不同意，所以迟迟没有决定。中平六年(189年)四月，灵帝一病不起，自知将不久

于人世，只好和上军校尉宦官蹇硕商议，让他拥立刘协。蹇硕打算杀掉何进，再立刘协为帝。不久，灵帝病死。蹇硕秘不发丧，假传圣旨让大将军何进宫受顾命。何进接了圣旨，匆匆入宫，刚到宫门，正与司马潘隐相遇。潘隐与何进是故交，连忙用手向何进示意，让他别进去。何进慌忙退至营中，蹇硕的阴谋没有得逞，只得立刘辩为帝，史称少帝，尊何皇后为皇太后。当时刘辩才14岁，不能亲政，由何太后临政。

二、献帝登位

（一）外戚宦官之争

两次党锢之祸，对宦官、士族的力量
虽都有削弱，但宦官仍然盘踞朝廷，为害
国家。

汉灵帝中平元年(184年)，以张角、张
宝、张梁三兄弟为首的黄巾军起义，给东
汉政权以极大的打击。中平六年四月，灵
帝一病不起，不久归天。这时，14岁的刘
辩即皇帝位，尊何皇后为皇太后，改元为

光熹，封9岁的皇弟刘协为渤海王，以后将军袁隗为太傅，与大将军何进参录尚书事。

新皇帝即位了，但宫中的一场混战，却不可避免。

汉灵帝死后，大宦官、上军校尉蹇硕曾想乘机召大将军何进入宫，将其捕杀。因有人暗中给何进报信，何进才免遭毒手。何进大权在握之后，怎能不报前仇呢？他不但想杀死蹇硕，还想把宦官一网打尽。双方都怀有除掉对手的想法。

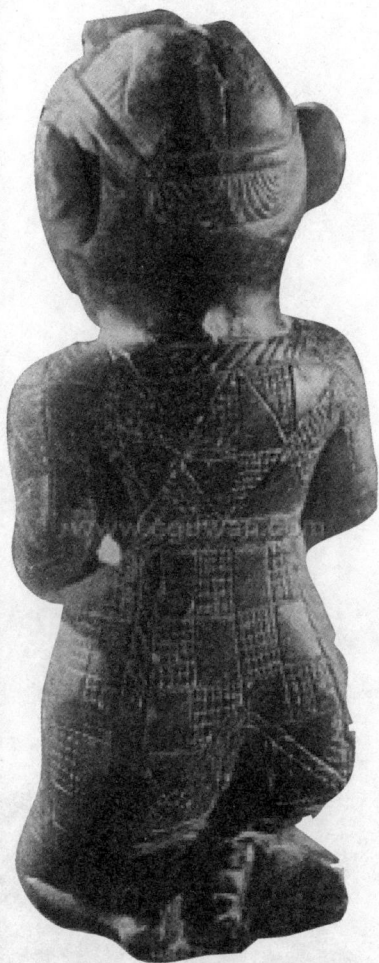

于是，一边策划于密室，另一边也在紧锣密鼓地准备。蹇硕给中常侍赵忠、宋典等人写去密书，交给郭胜传递。中常侍郭胜与何进同乡，太后与何进又掌重权，因此郭胜与何进亲近，他把蹇硕的密书径直送进了大将军何进的府中。

何进打开蹇硕的密信一看，不觉大吃一惊，只见信上写道："将军兄弟秉国专朝，今与天下党人谋诛先帝左右，扫灭我曹，但以硕典禁兵，故且沉吟。今宜共闭上阁，急捕诛之。"

　　形势急迫，何进决定先下手，抢在蹇硕之前行动。他让黄门令把蹇硕诱入宫来，逮捕并处死了他，同时宣布其罪行，其余人等概不株连，蹇硕所领禁兵皆归大将军何进节制。

　　杀了蹇硕，何进总算报了仇。一波方平，一波又起，何太后与董太后的矛盾又日趋尖锐。

　　骠骑将军董重，是董太后的侄子，原与何进权势相当。董太后在永乐宫抚养皇子刘协，因而很受灵帝尊敬。她几次和

董重商量，劝灵帝立刘协为太子，对他们会大有好处。可是，灵帝总是犹豫不决。

灵帝死后，刘辩即位，何太后临朝，董太后心中十分不平，说："她靠兄弟为将军，便敢作威作福，目中无人，我若令骠骑将军董重砍掉何进的头，易如反掌，那时她还能嚣张吗？"

这话传到何太后耳中，她觉得此事非同小可，立即找来何进商量对策。何进告诉弟弟何苗及三公，向皇上奏了一本，令董太后出宫，何进率兵包围骠骑将军董重府，勒令董重交出印绶。董重知道无路可走，自杀了事。董太后一股急火，暴病身亡。这时，何太后才为灵帝发丧，葬于文陵；董太后遗柩，运往河间，葬于慎陵；渤海王刘协，被贬为陈留王。

经过几番殊死的搏斗，何进、何太后取得了胜利。但是，杀死了蹇硕，宦官的势力并未彻底清除，他们仍然掌握着朝廷大权。看到这一点，校尉袁绍对何

进说："从前窦武想除掉宦官，不但未成事，而且反为所害！主要原因是机密泄露。今将军兄弟，并领劲旅，部曲将吏，又皆系英俊名士，乐为效命，成功之事，俱在掌握之中，这真是老天赐予的机会。将军宜为天下除害，垂名后世，千万不要再错过这个好时机了。"

何进认为袁绍的话有道理，就去和太后商量，请尽除宦官，改用士人。何太后犹豫未决，思量再三，方才说道："中官统领禁省，是汉家古制，不可废除。且先帝新弃天下，我亦不便与士人共事，此事以后再议吧。"

何太后尽管以前做事手段毒辣，可在铲除宦官的问题上心慈手软，犹豫不决，使东汉后来的历史出现了极其复杂的局面。

何进不便违背何太后的意思，袁绍着急地说："现在已骑虎难下，失去时机，反受其害！"

何进想了个不彻底的办法，说："我看可以杀一儆百，将首恶者除掉，其余的人还能有什么作为？"

袁绍不同意他的意见，他对宦官的势力和能力都没有低估，而且态度坚决，他说："宦官在皇上左右，出纳号令，一

动百动，杀一二人，岂能永绝后患？必要将他们全部清除，方能无忧！"

何进也是个少谋略而且优柔寡断之人，不能当机立断，把重大的事情就这样拖过去了。

宦官张让、赵忠等人，没有与蹇硕同死，已经躲过一关，此时见大事不好，便用大量金珠玉帛，贿赂何进的母亲舞阳君以及何进的弟弟何苗。母子二人得了好处，便从中为他们说话。当时传出谣言，说："大将军专杀左右，权力大而专横，并非是国家之福。"何太后听闻后，心里生疑，逐渐与何进疏远。

（二）董卓入京

何进失去太后的宠信，很是懊恼，袁绍又为何进出了个主意，让他召四方猛将及诸豪杰引兵入都，胁迫太后，除去宦官。这显然是个十分拙劣的下策。试想，如果何进果断一些，像除掉蹇硕那样铲除宦官是完全可能的。他不采取果断措施，反而引狼入室，岂非愚蠢？

主簿陈琳劝他说：“谚语说：‘掩耳盗铃’，是自欺欺人，一铃都不能取，何况国家大事呢？今将军仗皇威，握兵权，龙骧虎步，高下在心，诛除宦官，容易得很。只要当机立断，即可成功。今欲借助外兵，召其进京，大兵犯朝，群雄聚会，授人以柄，不但不会成功，反而会招来祸乱！”何进执迷不悟，听不进陈琳的劝阻。

典军校尉曹操，听到这件事，偷偷地笑何进愚蠢，说：“宦者之官，古今皆有，

但君主不应过分宠信他们，给他们过大的权力，酿成祸乱。若想治他们的罪，应当先除元凶，一个狱吏就足够了，何必纷纷去邀外兵，想要全部除掉宦官，事情必然会泄露，我看肯定会失败的！"

在招外兵进京的问题上，何进并不听人劝阻，毫不犹豫，派人四方传檄，命他们火速带兵进京。

前将军陇西豪强董卓首先响应，率兵奔京城而来。侍御史郑泰劝阻何进说：

"董卓强横残忍寡义，贪得无厌，若给他权力，肆意独断，将来必为朝廷之患，明公以亲德之重，号令之权，除掉几个有罪的宦官，何须依靠董卓。况且，事缓变生，殷鉴不远，应当速决！"

何进仍听不进去他的话，尚书卢植也劝何进不要召董卓进京，何进还是不听。郑泰气愤不过，对黄门侍郎荀攸说："何公不好辅佐啊！"之后他毅然弃官回到河南故里，安享天年去了。

董卓昼夜兼程，在途中派使者火速先进京去，上书请诛宦官，书中说：

"中常侍张让等窃幸承宠，浊乱海

内；臣闻扬汤止沸，莫若去薪，溃痈虽痛，胜于内食，昔赵鞅兴晋阳之甲，以逐君侧之恶，今臣辄鸣钟鼓如洛阳，即讨让等，以清奸秽。"

何太后看到董卓入京，不同意这种做法，何苗也百般袒护宦官，对哥哥何进说："弟与兄从南阳入都，前时何等贫贱困苦？多亏内官相助，得此富贵。国家之事谈何容易，一朝失手，覆水难收，望兄思之，不如与内侍和协，切勿轻举！"

一席话说得何进动摇起来，忙派谏议大夫种邵，带着诏书前去阻止董卓进京。这时，董卓已快到洛阳，根本不听劝阻，继续向河南进兵。种邵谴责董卓违诏，董卓理屈，暂时还军河南城西夕阳亭。

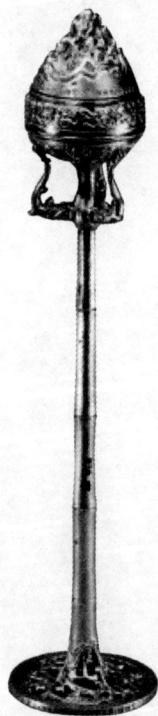

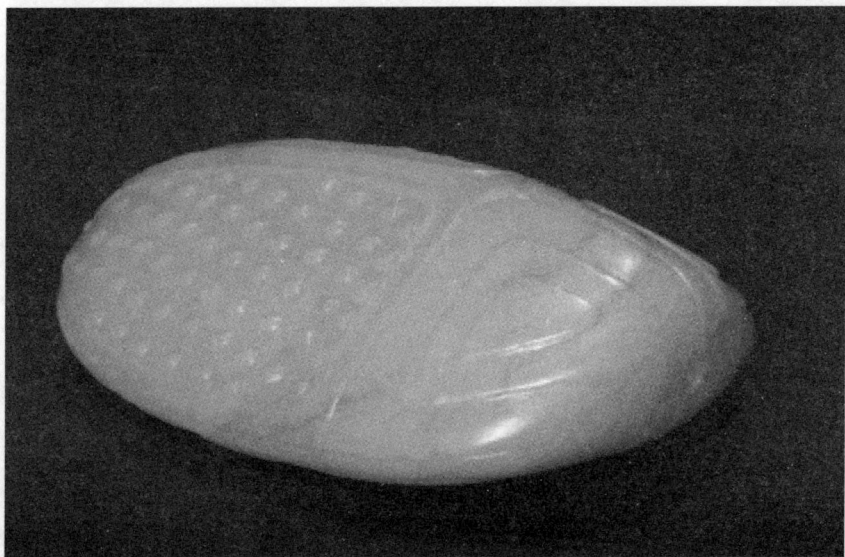

　　袁绍仍劝何进不要犹豫，否则会生变故，何进仍不答应。袁绍便假托何进之命，传书州郡，逮捕宦官亲属，归案定罪。在新形势的逼迫下，何进又去长乐宫，向何太后请示诛杀宦官的事。这事被张让、段珪知道后，他们悄悄定计，假传太后诏命，迎伏在嘉德殿门外，何进一进入殿门，就被尚方监渠穆杀死。

　　何进被杀，使矛盾激化。袁绍再也没有什么顾忌，命弟弟袁术及吴臣、张璋去攻打宫门，要求交出张让等人。他们见宫门紧闭，又有人守卫，就在青琐门外放起火来，火光照耀宫中，人人见了胆战心惊。此时，何太后不知何进已死，张让只说大将军发兵叛乱，焚烧宫门，何太后被张让等人挟持着，连同陈留王刘协一起，从复道（天桥）逃往北宫。

袁绍、袁术、卢植等人到处追杀宦官，追到北宫，见一个，杀一个，连杀三千多人。何太后在逃跑中被卢植救下，就是不见张让、段珪及皇帝刘辩和陈留王刘协。张让、段珪见兵入北宫，便胁迫少帝兄弟出谷门，即洛城正北门，走小平津，慌忙中，连传国玉玺都没来得及携带。

张让、段珪等人劫持少帝和陈留王刘协逃出洛阳城，连夜赶到小平津（今河南孟津县东北）。尚书卢植和一个叫闵贡的官员，带领人马追了上来，拦住张让、段珪的去路。张让、段珪见大势已去，无可奈何地跳进黄河自杀了。

（三）献帝登基

少帝刘辩与陈留王刘协经过一夜奔波，受了许多惊吓，吃了不少苦头，卢植等人扶着少帝和陈留王往回走。天，漆黑黑的；路，崎岖不平。少帝和陈留王从小深居皇宫，娇生惯养，哪里经得起这一番折腾。他们虽然被人搀扶着，但走起路来也是步履维艰，一步一喘，东倒西歪。到五更时分，好不容易来到一处驿馆，在这里住下来。

次日清晨，卢植早起赶回洛阳报信。闵贡担心驿馆不安全，也催着少帝动身回洛阳。当少帝一行往京城方向行走时，忽见前面尘土飞扬，一队人马浩浩荡荡而来，挡住了去路。大臣们个个吓得面如土色，不知所措。少帝刘辩更是惊恐万状，失声痛哭。正当君臣们乱作一团之时，只见队伍中一员大将大摇大摆地朝少帝走来。几个大臣迎上前去询问，才知道来者是并州刺史董卓。

董卓在夕阳亭待命，后进兵到显阳院，见都中大火冲天，知道宫中有变，便兼程进京，与少帝刘辩和陈留王刘协在北邙山相遇。少帝见了董卓，紧张得连话都说不清。董卓询问起叛乱的情况，他一句也答不出来，陈留王却格外机灵冷静，把宫中出事的前后经过，一五一十地告诉了董卓。董卓听后，暗暗称奇。这件事触动了董卓的心思，决定了后来刘辩和刘协的命运。董卓表面不动声色，暗地里却下定决心，要废掉少帝，另立陈留王刘协为帝。

董卓进京以后，开始废嫡立庶，从中窃权的行动。他想拉拢袁绍，利用袁氏家族的地位来压服人心，但遭到袁绍的反对。双方

吵了一通以后，袁绍一气之下，解下印绶，悬挂在皇宫门口，跑出京城，到冀州去了。

袁绍的反对并没有动摇董卓的决心，他一不做，二不休，索性把朝中大臣集合起来，直言不讳地说了自己的打算，并威胁说："我听说从前霍光确定大政方针时，总是拿着刀剑，有人胆敢阻拦，就军法从事。我也打算采用霍光的办法，请诸位好好想一想。"

董卓这番话，把大臣们吓得面如土色，不敢做声。过了好久，尚书卢植才说：

"当今皇上青春年少，又没有什么大错，怎么能废呢？"

重压之下，竟还有人反对。董卓不禁大怒，当即拔出利剑，恶狠狠地向卢植扑去。卢植撒腿往外跑，董卓紧追不舍。侍中蔡邕出来规劝，说："卢植是著名学者，威望很高，如果杀了他，会使天下不安。"董卓这才停止追赶。

第二天，董卓上朝，拟诏罢免卢植，接着，又把废嫡立庶的事写成诏书，派人送给太傅袁隗，袁隗只好同意。得到袁隗的支持，董卓立即率领文武大臣来到崇德殿，逼迫何太后废黜少帝刘辩。董卓说："先帝死时，少帝没有好好哀悼，没有孝心，不宜当皇帝。"

说完，不管何太后同意不同意，就让

袁隗把少帝扶出来，立即收缴印绶，摘下皇冠。何太后知道董卓的厉害，一句话也不敢说，少帝更是无可奈何，乖乖听从摆布。

废黜少帝后，董卓又把矛头指向何太后。他当众宣布："何太后曾逼死过董太后，违背了天理人伦，不配当太后，应当废！"说罢，令人宣读事先拟好的册文。

崇德殿内，死一般寂静，只有宣读册文的声音如雷轰顶："废除刘辩皇位，封为弘农王；立陈留王刘协为皇帝，以顺天理人心。"

册文刚刚读完，董卓就向陈留王刘协献上皇帝印绶，刘协戴上皇冠，正式登基。群臣朝贺，山呼万岁。就是刚刚被废的少帝刘辩也不得不列入朝班，三跪九拜，行君臣大礼。不过，在强权的控制中，下台的难受，上台的也不舒服。突如其来的大贵大富，意想不到的君临天下，刹那间发生的翻天覆地的变化，使刘协惊恐不安。这个九岁的小皇帝，坐在御座上，手足无措，但迫于董卓的压力，也不得不强作镇定，装模作样。从此，刘协正式登基，史称献帝。从此由他伴随汉室江山这只破船，在风雨中飘摇。

三、董卓之乱

（一）早年董卓

董卓出生于殷富的地方豪强家庭。当时临洮属于边远地区，与西北少数民族羌人的居住地相邻。董卓自小养尊处优，少年时期便形成了一种放纵任性、粗野凶狠的性格。史书载，董卓"少好侠，尝游羌中"，"性粗猛有谋"。董卓不仅能识文字，体魄健壮，力气过人，还通晓武艺，骑上骏马，能带着两副弓箭，左右驰射。他那野蛮凶狠的性格和粗壮强悍的体魄，使得当地人都怕他三分。不仅乡里人不敢惹他，周边羌人也不敢有丝毫怠慢。羌族首领豪帅为了保全自己，极力迎合趋附董卓，并且与他结为友好，以求暂时相安无事。地方豪帅们经常带着大量的牲畜和财物前来拜望，与董卓称兄道弟。董卓年轻的时候就常常到羌人居住的地方游玩，依仗地主豪强的出身和富足的资产，广泛结交豪侠义士。他十分熟

悉那里的情况，见羌人如此敬畏自己，便
寻思如何来利用和控制他们，在羌人中
培植和网罗亲信，为自己以后的长远发展
打下基础。于是，在野心驱使下，董卓丝
毫不吝惜自己的家财，每当羌人豪帅来家
做客，他便杀牛宰羊款待羌人豪帅，以取
得他们对自己的支持和拥护。羌人一方面
畏服董卓的凶悍，一方面感于董卓的"豪
爽"，所以都归附他，愿意听从他调遣。

一次，一个羌人豪帅见董卓家的牛羊宰

得所剩无几，便从老远的地方赶来上千头牛，赠给董卓。由此可见，董卓当时在羌人中的影响之大。

除了结交羌人，董卓还注意保持自己在当地豪强中的地位和影响，拉拢、兼并其他势力，不断巩固和扩大自己的力量。他经常扮演游侠豪杰的角色，在当地享有"健侠"的美名。同时，董卓还收罗大批失意、落魄的无赖之徒，他们为董卓的义气所感动，后来都一直死心塌地地追随他。

董卓势力的扩张有着深刻的历史背景和社会根源。自汉光武帝刘秀建立东汉政权以来，地方豪强地主势力就相当强大。东汉末期，由于中央政权衰弱，农民起义不断，地方豪强便趁机兼并土地，扩充势力。朝廷对豪强势力的膨胀虽然

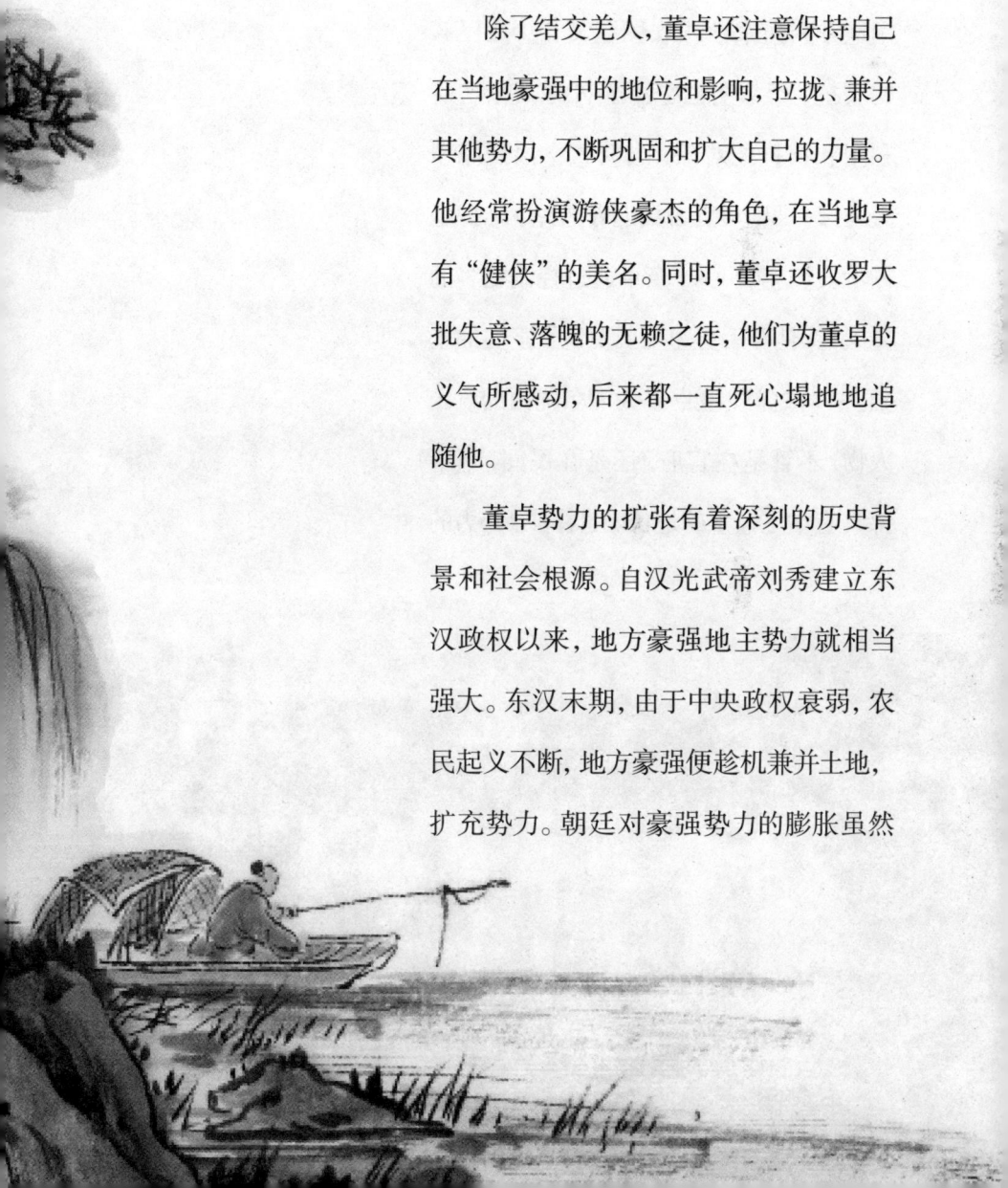

深感忧虑，但又无能为力。在众多矛盾冲突并发的灵帝时期，中央政府一方面想极力抑制地方豪强，另一方面又不得不利用地方豪强来镇压农民起义和少数民族的反抗，董卓便也毫不例外地成了官府利用和招抚的对象。当时董卓出任凉州兵马掾一职，负责带兵巡守边塞，维护地方治安。这样一来，董卓通过控制更多的羌人，为他今后势力发展奠定了坚实的基础。一时之间，董卓成为闻名陇西的风云人物，不管是在官府，还是在民间，董卓都具有举足轻重的地位。随着自己势力的

不断强大和地位的持续上升，董卓似乎已不满足于边远豪强的名分，认为自己需要更加广阔的政治空间。于是，他开始进一步积蓄力量，伺机发展。

不久，东汉朝廷急于解决西羌问题。这对于董卓来说，是一个极其重要的发展契机。西羌问题一直是东汉政府最棘手的民族问题。自汉安帝永初二年(公元108年)开始，羌人就不断发动起义，涉及范围相当广泛，持续时间也很长。汉桓帝年间，西羌问题不仅没有得到丝毫解决，羌人声势反而更加浩大。羌人不堪忍受汉朝地方官吏对他们的剥削和压迫，不断杀死汉朝官吏，侵占州县。而面对羌人的反抗，腐败无能的东汉政府根本就无能为力，只得求救于地方豪强，想借助他们的力量来缓解西羌危机。当时，深知董卓底细的陇西地方官吏极力向朝廷推荐董卓，这无疑是给董卓创造了一个发展势力、满足贪欲和野心的良机。

汉桓帝永康元年(167年)，董卓担任羽林郎，统管元郡(汉阳、陇西、安定、北地、上郡、西河)羽林军。不久，他升为军

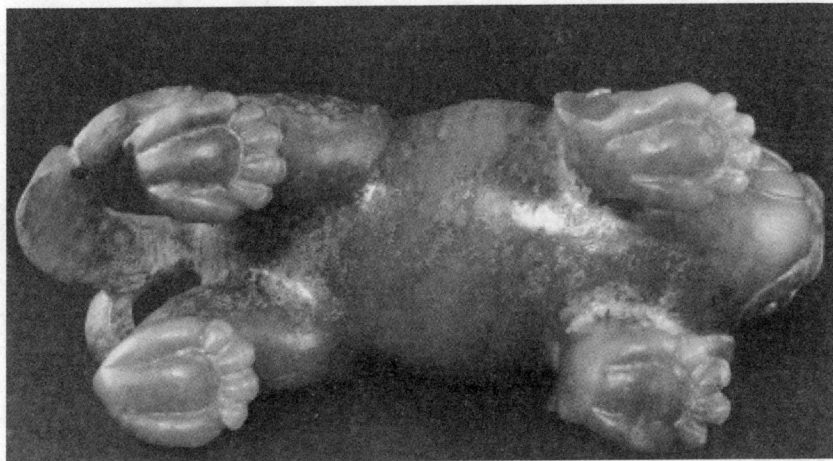

司马，跟从中郎将张奂征讨并州反叛的
羌人。征战中，董卓极力表现自己，充分
发挥他勇猛强悍的优势，纵横冲杀，左
右开弓，由于战绩突出，因功升为郎中，
后来又因功升迁为广武(今山西省代县)
令、郡守北部都尉、西域戊己校尉(掌管
西部各民族事务的官职)，一直到官拜并
州刺史、河东刺史。至此，董卓可谓平步
青云。只是任中郎将后，他在一次镇压黄
巾军的战斗中惨败，获罪革职，又被贬回
陇西。但是，在当时特殊的社会政治环境
下，董卓独特的性格和狂妄的野心决定了

他不会甘于失败和寂寞。

汉灵帝中平元年(184年)冬天,居住在西羌地区的汉人拥立羌人领袖北宫伯玉、李文侯为将军,杀死护羌校尉冷征。后来,伯玉和李文侯又归服金城(今甘肃兰州市西北)汉人边章和韩遂。在不断的兼并战争中,边章和韩遂势力迅猛增强,不仅杀死了金城太守陈懿,而且还于中平二年以讨伐宦官为名,率领大军,"入寇三辅,侵逼园陵"。在东汉政权面临被推翻的紧急关头,汉灵帝急忙启用和征派几乎所有的强将精兵抵御边章和韩遂的进攻。于是,董卓被重迁中郎将,拜破

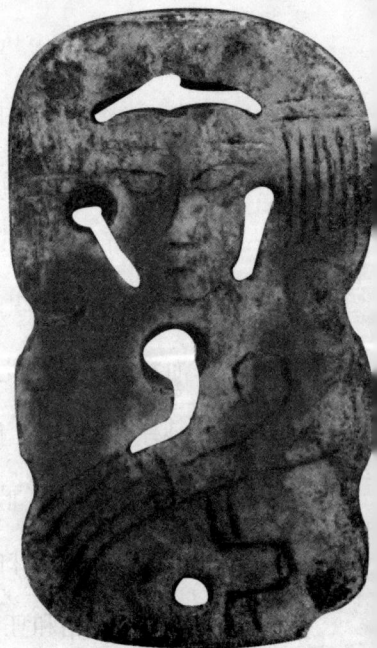

虏将军，和司空张温、执金吾袁滂、荡寇将军周慎等率领步兵、骑兵共十余万人屯兵美阳(今雍州武功县北)，护卫园陵。当时，边章、韩遂也正好进兵美阳。两军对垒，初一交锋，由于羌兵凶悍勇猛，而且士气旺盛，董卓所率朝廷军队遭遇打击，形势不利。张温等人心急如焚，生怕朝廷怪罪，而董卓却神色自如，劝慰他们说：

"现在我们虽然处于不利形势，但只要我们等待时机，稳定情绪，一定能击退敌人。如果连我们当统兵将领的都惊慌失措，势必会动摇军心，给敌人创造进攻我们的机会！"

果然不出董卓所料，十一月中旬某天夜晚，月黑风高，一片肃杀之气。由于交战双方一直处于相互对峙的紧张状态，除了各自负责戒备的哨兵外，所有士兵都被战争拖累得精疲力竭。夜半时分，静悄悄的夜空突然出现一道长达十余丈的流星，半壁天空火光如柱，惊得边章、韩遂军营中的战马狂嘶不已。熟睡中的士兵惊醒后也被这一突如其来的奇怪现象吓

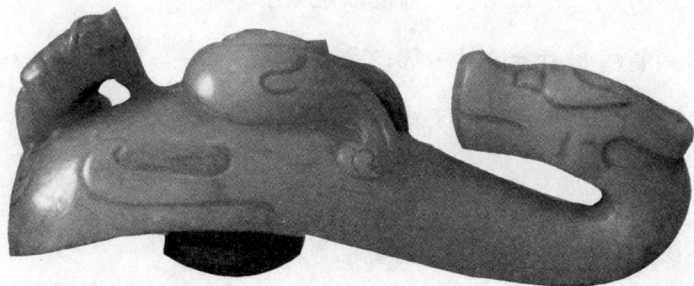

　　得目瞪口呆，不知所措。他们以为这是将
要打败仗的不祥征兆，不愿再留在美阳
打仗，都想回旧地金城。顿时，整个军营
一片混乱，久久不能安静下来。

　　第二天清晨，东汉军队的探马向董
卓火速报告这一紧急军情。董卓听后，欣
喜若狂，心想正好可以利用这一天赐良
机突袭边章、韩遂的部队，杀他个措手不
及，彻底消灭敌人。于是，董卓立即采取
行动，与鲍鸿等人合兵夹击。由于对方军
心受到影响，组织不严，大部分士兵根本
没有思想和防卫准备，顷刻之间遭受沉

重打击,死伤无数。

董卓大获全胜,边章、韩遂败走榆中
(今甘肃省兰州市金城县中部)。董卓见机
会难得,便马上与周慎等人率领大军追剿
逃军。由于金城是羌人的大本营,影响无
处不在,到处都驻有军队,而董卓等人盲
目深入西羌,又犯了"穷寇勿追"的兵家
禁忌,在追赶过程中,遭到数万名羌人围
击。孤军深入的东汉大军完全陷入西羌
部队的分割包围之中。由于后方援军无法
及时赶到,不到数日,各军粮草耗尽,而
围兵不仅没有丝毫退意,反而进攻更加
猛烈,情势十分危急。当时,由周慎等人
率领的军队被彻底击溃,只有董卓的部队

设计得脱。沉着老练的董卓在如此情况下，仍不惊慌，他命令士兵在河中筑一高堤坝，截断上游的流水。羌人对此感到莫名其妙。这时，羌骑侦察士兵回来传出消息说，东汉军队整天在坝中捕捉鱼虾。西羌将领以为董卓军粮已尽，只得靠捕捉鱼虾充饥，于是放松了警惕，只围不攻，想困死董卓的军队。可是，很久都不见动静，等羌骑探明情况时，董卓军队早已消失得无影无踪，不知去向。原来，董卓筑坝的真正目的是迷惑敌人，以此作掩护，然后伺机悄悄撤退。因抗击边章、韩遂有功，表现突出，董卓不久便被封为台乡侯，食邑千户。

汉灵帝中平三年，羌人内部发生兵变，韩遂格杀边章、北宫伯玉、李文侯，集结三人的部队共十余万人围攻陕西，太守李相如叛离朝廷，归附韩遂。不久，韩遂又联合周边的马腾等人，合兵进攻三辅，声势浩大，势不可挡。中平五年，韩遂、马腾已攻到陈仓(今陕西省宝鸡市)，危及长安和洛阳。灵帝急忙拜董卓为前将军，与左将军皇甫嵩共同解陈仓之围，

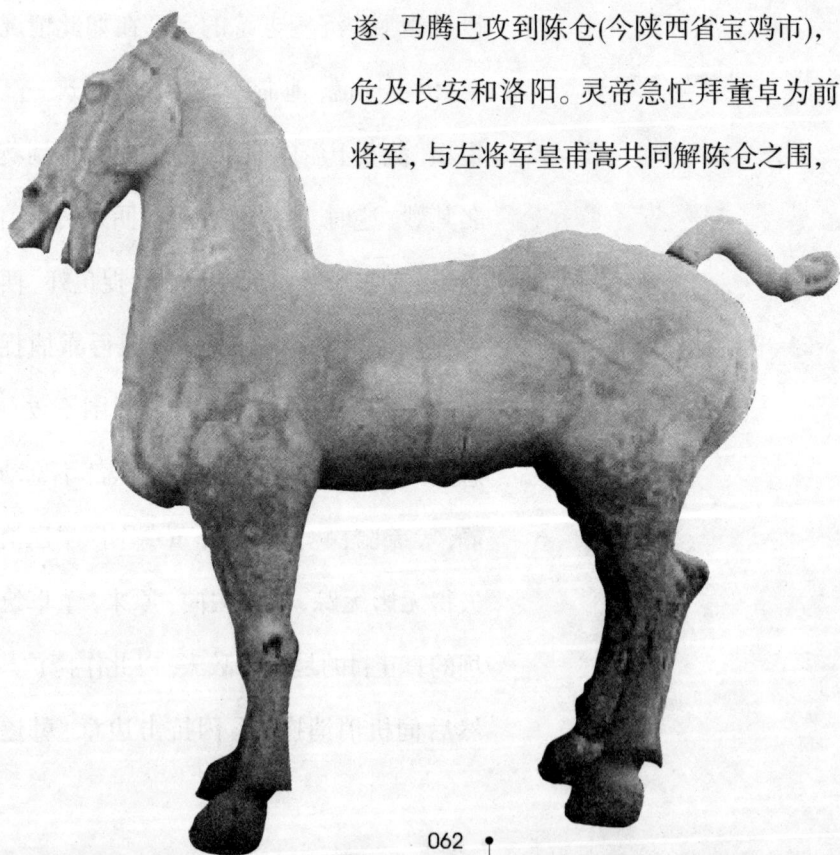

大败韩遂、马腾。董卓因此又得到朝廷封赏。

　　不断升迁的董卓势力急速膨胀。东汉朝廷为了遏制董卓权势继续滋长和蔓延，于中平六年征董卓为不掌实权的少府。董卓明白朝廷用意，便婉言拒绝，不肯就任。灵帝病重，急忙召见董卓，拜他为并州牧，所属部队隶属皇甫嵩。野心勃勃的董卓自然对朝廷如此安排和任命不满，便回奏灵帝说："士卒大小相狎弥久，恋臣畜养之恩，为臣奋一旦之命，乞将之北州，效力边陲。"拒绝交出兵权。随即率领自己所属部队进驻河东，以观时变。

　　董卓自领兵征讨羌人、镇压黄巾军以来，因战功显赫，受到朝廷多次重用，不断升迁，尤其是击败韩遂等人的进攻后，他的势力日趋壮大，形成了一支以凉州人为主体，兼杂胡人和汉人的混合军队。朝廷虽然对董卓加以抑制，但羽翼日丰的董卓自恃战功与威望，变得越来越野心勃

勃，目中无人。

屯兵河东以后，整个陇西便成了董卓的势力范围，他不仅掌握强大的武装力量，是地方军阀豪强，还是朝廷命官、边陲重臣。凭借强大的实力，极度膨胀的野心促使董卓开始着手设计问鼎中央政权的具体步骤。

（二）董卓乱政

在进入京城，手握汉廷军政大权后，董卓并不知足。为了更有效地控制皇帝，董卓不顾朝臣反对，胁迫献帝将都城从洛阳西迁至长安。董卓还无视礼制和皇威，在自己的封地修筑了与长安城墙规模相当的坞堡，高厚达七丈，明目张胆地用"万岁坞"来命名，并规定，任何官员经过他的封地时，都必须下马，恭恭敬敬地对他行大礼。

初到洛阳时，董卓手下虽然也集结了一批心腹亲信，但是，要在庞大的中央官僚体系中纵横捭阖，单靠这些人是远远不够的。况且当时朝中许多有一定势力和影响的官僚，根本就不服董卓。对此，董卓暗中培养爪牙，广为收罗亲信，用拉拢、诱惑、排挤等手段打击和陷害一切于己不利的势力和集团。封侯后，董卓极

力拉拢司徒黄琬、司空杨彪。三人在朝中拉帮结派，沆瀣一气，抬举和扶植已被贬斥的陈蕃、窦武等人的后人。董卓不仅全部恢复陈蕃等人以前的爵位，还擢升他们的子孙，以使他们世世代代为己所用。据史载，董卓利用手中特权，重新提升和任用大批党人，如吏部尚书周毖、侍中伍琼、尚书郑公业、长史何颙、司空伍处士等。不仅如此，只要是与以上人员有关的党锢之徒，董卓都把他们拔为列卿，一时之间，"幽滞之士，多所显拔"。当朝大文学家蔡邕也曾被董卓拉拢和征召。当初，议郎蔡邕因直言上书皇帝而被放逐朔方，后来遇赦返回乡里。当地官吏王智原来与蔡邕有私怨，便弹劾蔡邕有诽谤政府的言论，蔡邕又被迫离家逃命，浪迹江湖，历时十二年。董卓对蔡邕的盛名和才气早有所闻，便特别征召他进京任官，蔡邕不想再涉及政治，婉言拒绝。董卓便威胁蔡邕："如不听命，我将诛杀你们全

族。"蔡邕恐惧，只好回到洛阳。董卓大喜，任命他为祭酒，十分敬重蔡邕，后来又不断升迁他的官职。史书载，蔡邕三天之内，历遍"三台"，官至中郎将。

董卓除了在中央各处安插自己的势力外，还通过任命太守、刺史等手段布置地方爪牙。这样，董卓通过层层安置耳目，基本上已经控制了中央和地方的主要政治力量，只要是不满他的官员稍有动作，他便毫不留情地予以彻底铲除，杀鸡骇猴，威慑朝野。

董卓观察到手握实权的袁绍和曹操对己不利，必须尽早除掉。早在废立皇帝之前，董卓就想利用袁绍来支持他，可是遭到袁绍的极力反对。一次，袁绍说："大汉恩德布满四海，万民拥戴，国泰民安。今皇上年纪虽小，但并没有恶行传布天下。你如果要罢黜皇上，改立新帝，恐怕没有人赞同你的意见。"董卓听后，凶相毕露，持剑怒斥袁绍说："我是有意看重你，没想到你如此不识抬举，今天不杀掉你，今后总是祸害！"袁绍也手按剑柄，针锋相对，董卓不敢轻举妄动。当夜，袁绍就逃奔勃海郡避难。因为袁绍是世家大族出身，董卓也不敢继续追究。董卓军进驻洛阳时，曹操也在京城，而且手中掌握有一定兵权。董卓在扩充兵力、统收兵权的过程中，也曾想通过诱之以利来吃掉曹操。但曹操识破董卓的阴谋，拒绝与他合作，不辞而别，逃离洛阳。

卫尉张温曾担任太尉，素来对董卓飞扬跋扈、野蛮残忍的行为极为不满。董卓也视张温为眼中钉，为了除掉这一心头大患，董卓便在朝中散布谣言，诬蔑张温与袁术长期勾结，对抗朝廷。不久，便以"莫须有"的罪名，笞杀张温。在董卓的淫威逼迫和阴谋陷害下，他的竞争对手和朝中许多忠义之臣，不是被迫出逃，就是被铲除消灭。

废立皇帝之后，董卓又对何太后看

不顺眼，认为她有碍自己在朝廷上下恣意妄为和树立威信。于是，董卓又大会群臣，向大臣们历数太后所谓的罪行，说她如何如何逼迫婆母永乐皇太后(灵帝刘宏的母亲)，以致皇太后忧虑而死。这种违背婆媳常理，不讲孝顺礼节的做法，应当受到严厉惩处。之后，董卓便责令何太后迁居永安宫，不久，董卓又借故杀死少帝刘辩，毒死何太后。通过对中央政权最高层人员的更换和处理，使整个东汉政府几乎完全受制于董卓。皇帝的废立、朝臣的任免、重大政策的制定，都由董卓说了算。此时，野心极度膨胀的董卓，已经目空一切。

改立献帝之后，董卓将自己升迁为太尉，领前将军事，成为三公之一，掌管全国军事事务，后又自封郡侯，进位相国，跃居三公之首，掌宰相权。董卓虽然名为"一人之下，万人之上"的国相，但实际上却远远超越皇帝，享有"赞拜不名、入

朝不趋、剑履上殿"等特权。一人得道，
鸡犬升天。自己加官晋爵后，董卓还利用
自己手中的特权，大肆加封董氏家族成
员。他首先封自己的母亲为池阳君，越礼
配备家令和家臣，地位与皇家公主相当。
同时，董卓又拜弟弟董旻为左将军，封鄠
侯，另外还封自己年幼的孙女为谓阳君。
更有甚者，"卓侍妾怀抱中子，皆封侯，弄
以金紫"。

　　董卓初次率军进兵洛阳时，见城中富
户贵族府第连绵，家家殷实，金帛财产无
数，便放纵手下士兵，进行所谓"收牢"
行动。这些士兵到处杀人放火，奸淫妇

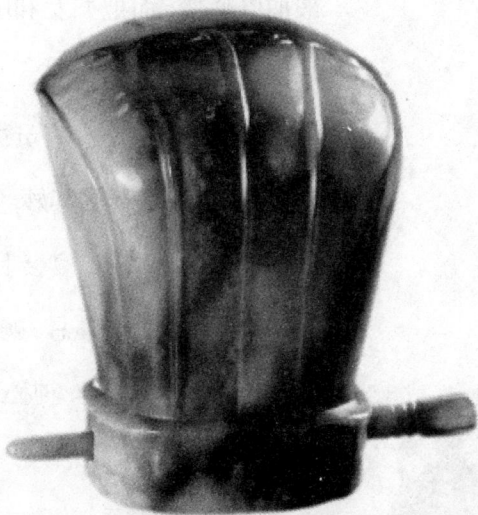

女，劫掠物资，把整个洛阳城闹得鸡犬不宁，怨声载道。

控制中央政权后，董卓残暴不仁的恶性更加膨胀，经常派遣手下士兵四处劫掠，残害百姓。汉献帝初平元年(190年)二月，董卓部属的羌兵在阳城抢劫正在乡社集会的老百姓。士兵们杀死全部男子，凶残地割下他们的头颅，血淋淋地并排挂在车辕上，令人触目惊心。此外，他们还趁机掳走大批妇女和大量财物。回到洛阳后，他的手下将领把头颅集中起来加以焚烧，而把妇女和财物赏赐给士兵。

一次，朝中许多官员被董卓邀请去赴宴。官员们都莫名其妙，不知董卓葫芦里到底卖的什么药。宴会上，董卓兴致高昂，招呼大家不要顾忌，畅怀痛饮。酒过三巡，董卓突然起身，神秘地对在场的人说："为了给大家助酒兴，我将为各位献上一个精彩的节目，请欣赏！"说完，击掌示意，狂笑不已。顿时，整个宴席变成了肃杀的刑场。董卓把诱降的几百名北方反叛者押到会场正中央，先命令士兵剪掉他们的舌头，然后有的人被斩断手脚，有的人被挖掉眼睛。其手段之残忍，令所有在场官员和士兵惨不忍睹，许多宾客手中的筷子都被吓得抖落在地。董卓却若无其事，仍然狂饮自如，脸上还流露出洋洋得意的神色。还有一次，董卓把俘虏来的数百名起义士兵先用布条缠绑全身，头朝下倒立，然后浇上油膏，点火将他们活活

烧死，可谓残忍至极。

迁都长安时，为了防止官员和百姓逃回故都洛阳，董卓将整个洛阳城以及附近二百里内的宫殿、宗庙、府库等大批建筑物全部放火烧毁。昔日兴盛繁华的洛阳城，瞬息之间变成一片废墟，凄凉惨景令人顿足痛惜。为了攫取财富，董卓还派吕布洗劫皇家陵墓和公卿坟冢，尽收珍宝。整个洛阳城狼藉不堪，在董卓肆意践踏破坏下，已是千疮百孔，满目疮痍。

董卓掌权后，国家制度朝令夕改，反复无常，严重阻碍了整个国家政权机器的正常运转。其中，他颁布的法律刑罚尤为混乱无度，不成体统。对普通老百姓往往实施严刑酷法，而对亲信家族，则违法不究，一切都取决于董卓个人的意志。《魏书》记载：董卓专门指派司隶校尉刘器登记所谓"为子不孝，为臣不忠，为吏不清，为弟不

顺"的臣民，凡是册上有名者，都被处死，财产没收。不久，整个社会便民怨沸腾，冤狱遍地。

为了聚敛巨额财富，董卓大量毁坏通行的五铢钱，还下令将所有的铜人、铜钟和铜马打碎，重新铸成小钱。粗制滥造的小钱不仅重量比五铢钱轻，而且没有纹章，钱的边缘也没有轮廓，不耐磨损。小钱的流通直接导致了严重的通货膨胀：货币贬值，物价猛涨。据史书记载，当时买一石谷大概要花数万钱。老百姓苦不堪言，生活陷于极度痛苦之中。董卓却利用搜刮来的钱财，整日歌舞升平，寻欢作乐，荒淫无度。

（三）董卓之死

善有善报，恶有恶报。董卓的倒行逆施终于激起了广大人民的愤怒与反抗。许多有志之士出于对国家危亡的考虑，与董卓进行了不屈的斗争，在很大程度上

打击和动摇了董卓的地位和统治基础，同时也缓解了董卓对整个东汉政权的破坏性影响。起初，议郎杨勋与左将军皇甫嵩秘密商议，准备共同讨伐董卓，只是后来由于皇甫嵩被征调，杨勋势单力薄，才就此作罢。初平元年(190年)，冀州刺史韩馥、兖州刺史刘岱、豫州刺史孔伷、南阳太守张咨和袁绍等十余人都纷纷起兵讨伐董卓，从此掀起了大规模持续反抗董卓的斗争浪潮。不久，长沙太守孙坚率领豫州各郡军队征讨董卓，在梁地(今汝州梁县西南)被董卓部将徐荣打败，联合孙坚反董卓的颍州太守李曼也被生擒。

接着，河内太守王匡又屯兵河阳津(今河南省孟县西部的黄河渡口)，准备进攻董卓。不料老谋深算的董卓早有觉察，先派疑兵向王匡挑战，而暗中却派精锐部队从小平津渡河北上，绕道偷袭王匡所部。王匡大败，几乎全军覆没。第二年，孙坚重新收拢流散部属，进驻梁县，准备再度讨伐董卓。董卓派胡轸、吕布迎击孙坚。由于胡、吕二人心存芥蒂，不能和睦相处，还没交战，士兵就四散逃离。孙坚趁机出击，胡轸、吕布大败而逃。董卓见势不妙，不得不派部将李傕向孙坚求和。孙坚不理，继续进攻距洛阳只有90里的大谷关。董卓被迫率军出战，被孙坚击败，退驻渑池。孙坚乘胜追击，遇吕布，大败吕布后，出兵函谷关，分兵两路，直取新安和渑池。

此时，山东诸路豪杰也纷纷揭竿而起，共同起兵声讨董卓。被多股义军逼得无路可走的董卓决定迁都长安，以避锋芒。但是，征讨董卓的斗争并没因此而有

丝毫松懈，反而更加风起云涌。这时，董卓已成为众矢之的。

在天下之人声讨董卓的同时，朝中许多官员更是对董卓深恶痛绝，欲杀之而后快。越骑校尉伍孚对董卓的倒行逆施十分痛恨，发誓要亲手杀死董卓。一天，伍孚身藏佩刀，前来拜见董卓。交谈完毕后，伍孚便告辞离去。董卓起身出门相送，用手轻轻拍着伍孚的后背，表现出极其亲切的样子。伍孚瞅准机会，猛地抽出佩刀向董卓刺去。由于杀人心切，用力过猛，并没刺中要害。董卓大惊，慌忙奋力反击，并急呼警卫出手相救，这才脱离危险。伍孚与警卫展开搏斗，由于寡不敌众，被乱剑刺死。

当时，天下老百姓为了表达对董卓的痛恨，到处传唱《千里草》的歌谣，希望他尽快死去。

初平三年四月，司徒王允、尚书仆射士孙瑞与董卓的亲信吕布共同密谋诛杀

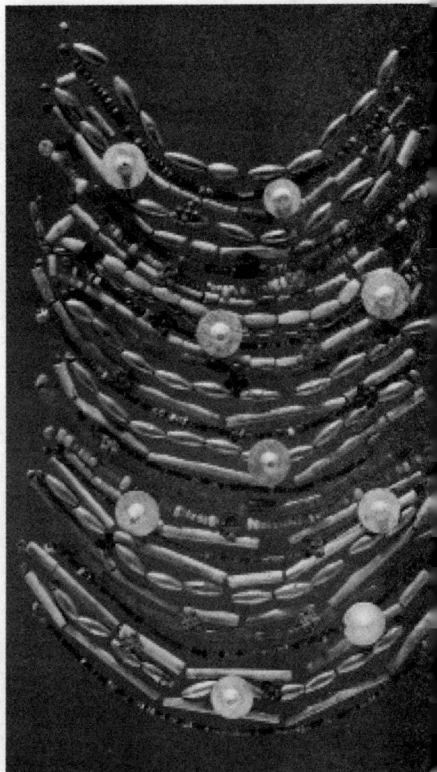

董卓。之前，王允先后与司隶校尉黄琬、尚书郑公业等人多次商议诛杀董卓的事情。初平三年春天，阴雨连绵长达两个多月，王允与士孙瑞、杨瓒借登台拜神为名，又一次秘密商量除掉董卓的事宜。

士孙瑞说："自从去年年底以来，太阳不照，阴雨不断已达六十多天，我们应该让这种不利国家和老百姓的时期尽快结束。现在，时机大好，我们正可趁天下沸腾之际，主动采取措施，消灭罪魁祸首！"

士孙瑞意在提醒王允可借天时地利人和之机除掉董卓。王允同意士孙瑞的意见，可是，考虑到董卓平时戒备森严，而且他本人勇武过人，如果不采取周密措施，恐怕不易得手。于是，王允便物色了董卓的亲信吕布作为内应。

　　吕布年轻勇猛，武艺超群，起初董卓对他深为喜爱和信任，收他为义子，并提拔他担任骑都尉。后来，董卓又迁吕布为中郎将，封他为都亭侯。董卓明白自己树敌太多，常常怀疑有人暗算他，于是，便把吕布当做自己的贴身侍卫。不管董卓走到哪里，吕布总是形影不离，负责保护董卓的生命安全。一次，吕布不小心得罪了董卓，董卓大怒，随手抽出手戟向吕布掷去，幸亏吕布眼疾手快，才得以幸免。当时，吕布并没直接顶撞董卓，而是立即向他谢罪道歉，董卓便不再追究，以后也根本没把这件事放在心上。可是，吕布却从此心怀愤恨。此外，董卓经常让吕布把守中阁，吕布因而得便与董卓的一名侍婢私通，恐怕事情败露，常常心不自安。当他私下听说司徒王允要谋算董卓的消息后，便主动前往，向王允等人揭发董卓的各种罪状。王允把诛杀董卓的计划告诉吕布，并要求他充当内应。起初，吕布不同意，他说："不管怎样，他和我之间有父子关系，要我作内应，恐怕不行吧！"王允开导说："你姓吕，他姓董，又不是骨肉亲情。况且董卓现在已是人人得而诛之的国贼，你难道还认他作父亲吗？他向你掷手戟的时候，把你当儿子看待吗？"在王允的劝诱下，吕布最终答应了。

一切准备就绪，正好赶上皇帝大病初愈，朝中文武大臣都集会于未央殿，恭贺天子龙体康复。吕布借此机会，事先安排同郡人骑都尉李肃等人带领十多名亲兵，换上卫士的装束隐蔽在宫殿侧门的

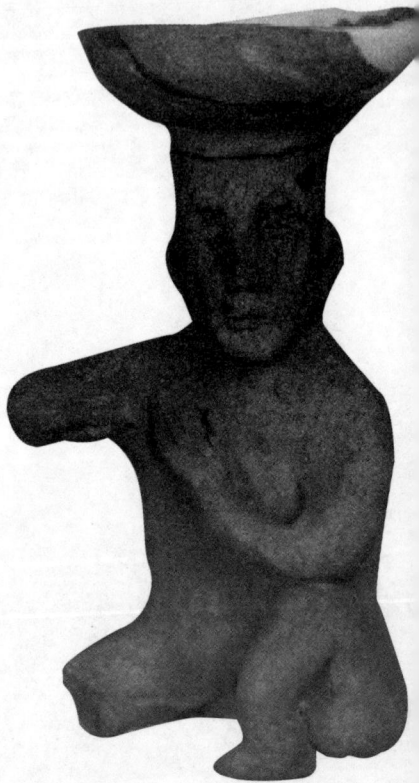

两边。董卓刚到侧门，便遭到李肃等人的突袭。董卓大骇，慌忙向吕布呼救，吕布正襟危坐，大声道："我们是奉诏讨杀乱臣贼子，你死有余辜！"绝望中的董卓虽然奋力反抗，但已无济于事，当场被杀，并株连三族。

董卓被杀的当天，满朝文武和所有士兵都高呼万岁。长安老百姓高兴得在大街小巷载歌载舞，共同庆祝奸贼被诛。据说董卓死后，被暴尸东市，守尸吏把点燃的捻子插入董卓的肚脐眼中，点起天灯。因为董卓肥胖脂厚，"光明达曙，如是积日"。

四、李傕、郭汜之乱

　　初平三年四月，董卓被王允、吕布伏杀，随后牛辅也被杀，李傕等人归来时无所依托，本欲解散部队逃归家乡，又怕仍得不到赦免，武威人贾诩当时在李傕军中任职，贾诩对李傕说："听长安人议论说欲诛尽凉州人，各位如果弃军单行，则一个小小的亭长就能抓住你们了。不如率军西进，攻打长安，为董卓报仇。事情如果成功了，则奉国家以正天下；如果不

成功，再走也不迟。"

李傕等人采纳了贾诩的建议，到处说："朝廷不赦免我们，我们应当拼死作战。如果攻克长安，则得天下了；攻不下，则抢夺三辅的妇女财物，西归故乡，还可以保命。"部下纷纷响应，于是同郭汜、张济等人结盟，率军几千人，日夜兼程，攻向长安。

王允听说后，派董卓旧部将领胡轸、徐荣在新丰迎击李傕。徐荣战死，胡轸率部投降。李傕沿途收集部队，到达长安时已有十余万人。五月，李傕等人又与董卓的旧部樊稠、李蒙、王方等人会合，一起围攻长安，八日后城陷，与吕布展开巷战，吕布败走，王允等人遇害。李傕等人纵兵劫掠，百姓、官员死伤不计其数。李傕等人占领长安，挟持汉献帝，威逼献帝封李傕为扬武将军，郭汜为扬烈将军，樊稠等人皆为中郎将。此时，汉少帝（弘农王）刘辩的妃子唐姬自从少帝被李儒毒杀后回到娘家颍川居住，李傕攻破长安后派兵掳掠关东地区，掳获唐姬，李

催欲娶唐姬为妻，唐姬坚决不答应，也始终没说出她是少帝妻子的事，后来尚书贾诩知道了此事，告诉了汉献帝，献帝十分伤感，下诏接回唐姬，让她住在少帝的园中，派侍中持节封唐姬为弘农王妃，自此，唐姬终生未再嫁。八月，诏太傅马日䃅、太仆赵岐杖节镇抚关东。

同年九月，又赐封李催为车骑将军、开府，领司隶校尉、假节、池阳侯；郭汜

为后将军、美阳侯；樊稠为右将军、万年
侯。张济被封为镇东将军、平阳侯，外出
屯驻在弘农（今河南灵宝县）。以贾诩为
尚书。李傕举博士李儒为侍中，献帝诏曰：
"儒前为弘农王郎中令，迫杀我兄，诚宜
加罪。"辞曰："董卓所为，非儒本意，不
可罚无辜也。"李傕、郭汜、樊稠三人共
同把持朝政，随自己喜好任免官员，又常
纵兵劫掠，几年内三辅百姓损失殆尽。

汉代司隶校尉负责监察京师百官和三辅

（京兆尹，左冯翊，右扶风）、三河（河东，河内，河南）及弘农七郡的官员。初置时能持节，表示受君令之托，有权劾奏公卿贵戚，起到和刺史相同的作用，但比刺史地位高。朝会时和尚书令、御史中丞一起都有专席，当时有"三独坐"之称。东汉时司隶校尉常常劾奏三公等尊官，故为百僚所畏惮。司隶校尉对京师地区的督察也有所加强，京师七郡称为司隶部，成为十三州之一。司隶校尉成为政权中枢里举足轻重的角色，所以董卓称之为"雄职"。曹操在夺取大权后，也领司隶校尉以自重。李傕领司隶校尉则可以完全控制朝政，假节杀犯军令者。

同年十二月，曹操派使者进贡，并写信向李傕等人献殷勤，李傕等人认为曹操虽然表面上派使者进贡，但并不是真心诚意的，准备扣留曹操的使者，这时黄门侍郎钟繇加以劝阻，说只有曹操心系王室，于是李傕等人对曹操使者厚加赏

赐。

兴平元年（194年），屯于郿城的征西将军马腾有私事求于李傕，没有得到应允，于是率兵相攻。汉献帝派使者劝解，没有成功。随后屯于金城的镇西将军韩遂率兵前来劝解，继而与马腾联合。朝臣种邵、马宇、刘范（刘焉之子）暗中与马腾联系，欲使马腾袭击长安，愿为内应，以诛杀李傕等人。于是马腾、韩遂屯兵长平观。后来种邵等人事情败露，逃奔至槐里。李傕派郭汜、樊稠以及侄子李利与马腾、韩遂大战于长平观下。马腾、韩遂大败，被斩杀一万多人，二人退回凉州。樊稠等人随后追击，韩遂派人要求和樊稠对话，因为两人是同乡，于是韩遂和樊稠单独在一起交谈，十分亲密，谈笑了很久。李傕又令樊稠及侄子李利带几万人围攻槐里，种邵、刘范等人皆被杀死。李利返回长安后告诉李傕说："樊稠和韩遂单独在一起笑谈，不知道交谈的内容，样

子十分亲密。"于是李傕与樊稠开始互相猜疑。但李傕还是让樊稠以及郭汜开府，与三公合为六府，皆参与选拔官员。这时长安城内盗贼猖獗，白天都出来掳掠，于是李傕、郭汜、樊稠三人分兵守在城内，各守其界，但还是不能控制。后来，朝廷下诏赦免马腾等人。四月，以马腾为安狄将军、韩遂为安降将军。

据《后汉书》记载，献帝在长安时，办过一件很值得称道的事。当时的长安，经连年动乱、饥荒，谷一斛卖到50万钱，长安城中人相食。献帝令侍御史侯汶开仓济民，用米豆为饥民做糜粥，但饿死者并没有减少。献帝怀疑所发米豆不实，亲自在御前量试做糜，证实发放中确有克扣现象，于是下诏杖责侯汶，并责问京官们为何米豆发下去仍有如此多的人死亡？从此以后，米豆得以如实发放，使饥民们切实受到赈济。这是公元194年的事，那一年他才14岁。

兴平二年（195年），李傕等人相互争权夺利，矛盾越来越激化。二月，樊稠欲带兵向东出关，向李傕索要更多的士兵，李傕顾忌樊稠勇而得人心，又因为当初樊稠私自放走了韩遂。于是让樊稠过来参加会议，让外甥骑都尉胡封在会议上刺死了樊稠，兼并了樊稠的部队，如此一来诸将之间更加相互猜忌。李傕经常在自己家设酒宴请郭汜，有时还留郭汜在自己家住宿。郭汜的妻子害怕李傕送婢妾给郭汜而夺己之爱，就想挑拨他们的关系。

一次李傕送酒菜给郭汜，郭汜妻子把菜中的豆豉说成是毒药，郭汜食用前郭妻把豆豉挑出来给郭汜看，并说了李傕很多坏话，使郭汜起了疑心。过几天李傕再宴请郭汜，把郭汜灌得大醉，郭汜怀疑李傕想毒害他，赶紧喝粪汁催吐解酒。于是二人率兵相攻，交战连月，死者数以万计。李傕请贾诩为宣义将军，来帮助自

己。汉献帝派人劝解，没有成功。

同年三月，安西将军杨定害怕李傕谋害自己，就与郭汜合谋劫持汉献帝到自己的营中，但计划被人泄露给了李傕。李傕派他哥哥的儿子李暹率数千人围住宫门，胁迫献帝出宫。太尉杨彪出去对李暹说："自古帝王没听说有徙居臣家的，你们怎么能如此？"

李暹蛮横地说："我家将军，大计已定，深恐郭汜入宫为逆，故派我前来迎

驾，暂避一时，君敢来相阻，莫非与郭汜
通谋不成？"

　　杨彪无法再与他理论，只好回去禀
报献帝。献帝无奈，在李傕的威逼下，被
载回大营。宫中妃妾财物以及御库中的金
银珠宝，也都被李傕洗劫一空，用车载回
大营。他还放火烧宫殿、官府、民宅。堂
堂天子被劫入军阀大营，如同傀儡，任人
摆布。

　　李傕对汉献帝多有怠慢，汉献帝敢
怒不敢言，晋升李傕为大司马，位在三公
之上。

　　同年六月，李傕部将杨奉与军吏宋

果欲除掉李傕，事情败露，杨奉引兵叛
逃，于是李傕的势力稍稍衰弱。不久，张
济带兵从弘农赶到劝和，欲接汉献帝到
弘农，献帝也派使者来劝说，李傕、郭汜
二人准备议和，想各自交换儿子作人质，
但李傕的妻子十分爱护自己的儿子李式，
不愿交换，和计未定。后李傕答应各自交
换女儿作人质，双方和解。

同年七月，汉献帝出长安东归，李傕
引兵出屯池阳，张济、郭汜以及原董卓部
下杨定、董承皆随天子车驾东归，汉献帝
以张济为骠骑将军，开府如三公；郭汜
为车骑将军，杨定为后将军，皆封列侯。
又以董承为安集将军，沿途诸将屡有争

执。

这场危机刚刚过去，新的灾难又降临到献帝头上。李傕、郭汜后悔让献帝东去，又联合起来追赶。杨定见大势不好，单骑逃亡荆州；张济又与李傕、郭汜联合，一同追赶献帝。献帝在杨奉、董承得知张济要劫驾的消息后，连夜奔往弘农，半夜时分，李傕、郭汜、张济赶到，双方大战一场，死伤无数，就连御物国宝也都丢尽，献帝由董承保护，才得以逃脱。献

帝逃入曹阳，已经夜幕低垂，无处住宿，只好露宿一夜。天亮后，杨奉、董承保护献帝逃走，后面追兵又到，将领们劝献帝上马速行，献帝不肯丢下百官自逃，这样且战且走，许多大臣被杀，军士也所剩无几。战到天黑，来到河边，太尉杨彪等人主张连夜过河，好不容易找到一条大船，众人拥着献帝，伏皇后的父亲伏完，一手扶着皇后，一手拿着一匹绢。来到河边上，天寒水冷，无法下去，伏完打开

绢裹住献帝身子，由众人抬到船上，伏皇后是由父亲伏完背过去的。船小人多，人人争上，被挤落水者，和被船上人打落水者，不计其数。天明，才到彼岸，来到大阳，等李傕知道后，已追赶不及。董承、杨奉只为献帝在民间找到一辆牛车，其余随行人员只得步行，来到安邑。河内太守张杨、河东太守王邑，前来见驾，并供应吃穿。献帝封张杨为安国将军，王邑为列侯，逃难路上，来不及刻印，就刻在石上画成字以代印玺。献帝和伏后就住在荆棘篱中，无门可关，群臣议事，以茅舍为朝堂。落难中的帝王的狼狈相，十分凄惨。

在定都安邑还是回洛阳的问题上，董承与杨奉发生矛盾，董承主张回洛阳，杨奉主张定都安邑。杨奉派遣军队袭击董承，董承逃往野王，投奔张杨。张杨决意调兵迎驾，先派董承去洛阳，修筑宫室。建安元年(196年)秋七月，汉献帝回到洛阳，因宫殿尚未修成，暂住在故中常侍赵忠的宅第里。八月，迁居南宫杨安殿。张杨仍回野王，杨奉出屯梁地，董承、韩暹宿卫宫禁。

一年多来，汉献帝饱受颠沛流离之苦，经过太多风霜雨雪，受过太多惊吓和窝囊气，回到洛阳怎能不使他高兴? 他开

始封赏有功之臣，张杨为大司马、兼安国将军，杨奉为车骑将军。可是，好端端的一个洛阳皇宫，已被董卓烧为平地，满目是破败的残砖断瓦，到处是荒凉的荆棘萝蔓，百官无处安身，在破壁颓垣中暂时栖身，没有粮吃，自尚书以下的官员，都亲自出城去采野谷，有的饿死于墙壁之间，有的为士兵所杀。

建安元年（196年）七月，汉献帝回到
洛阳，董承暗招兖州牧曹操，曹操率军过
来迎接天子。曹操以洛阳残荒为由，让汉
献帝移到许都居住。建安二年（197年），
左将军刘备诱杀杨奉。张济因军中缺粮，
出兵到南阳掠夺，攻打穰城，战死。郭汜
被自己的部将伍习杀死。建安三年（198
年）四月，曹操派谒者仆射裴茂下诏召集
关中诸将段煨等人征讨李傕，灭其三族。
李傕的首级被送往许都，高悬示众。

五、曹操"挟天子以令诸侯"

（一）曹操掌权

汉献帝虽然是个摆设，但毕竟是最
高权力的象征，谁把皇帝抢到手，谁就有
政治上发号施令的主动权。早在汉献帝
逃往河东的时候，袁绍手下的谋士沮授
就向袁绍献计说："应当趁我们开始在冀
州站稳脚跟的时候，到西南去迎接献帝，
把他迁到邺城来。这样我们就可以挟天
子以令诸侯，蓄士马以讨叛逆，谁能抵挡

得了呢！"但是袁绍没有接受沮授的主张。与此同时，曹操的重要谋士荀彧也向曹操提出这样的建议："现在皇帝东流西徙，人们担心帝室的命运，如能在这时迎奉献帝，正符合人们的愿望。用忠于帝室的行动来压制各据一方的雄杰，是一个很重要的策略。应该当机立断，及早行动。"曹操接受了荀彧的建议，刚好献帝也派董承邀曹操灭李傕、郭汜。曹操立即派曹洪领兵西迎献帝。

对于"挟天子以令诸侯"，历来都认为是曹操的得意之作，但如果认真分析

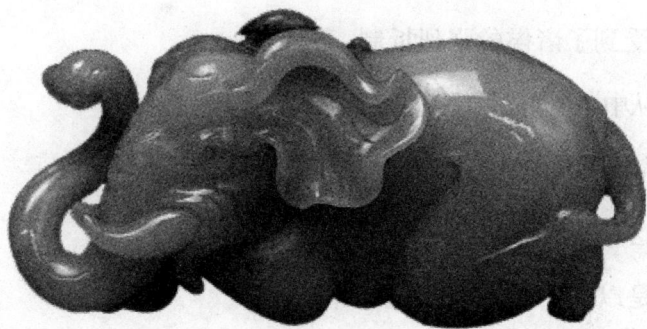

三国时期的形势，似乎也不尽然。在曹操"挟天子以令诸侯"的24年间，无论是张绣、吕布、袁术、袁绍、刘表、公孙瓒，还是刘备、孙策、孙权，没有一个诸侯肯听从曹操的号令。由此可见，曹操空有挟天子之名，而无号令天下之实。

袁绍进攻曹操时，曾令陈琳代写了一篇讨伐曹操的檄文，文中说曹操"豺狼野心，潜包祸谋，乃欲摧挠栋梁，孤弱汉室，除灭忠正，专为枭雄"，连曹操听了，都吓出了一身冷汗，头疼病竟减轻了许多。

可见当时曹操"挟天子以令诸侯"的行为受到了诸侯的强烈抵制。曹操不但没有从中得到好处，还背上了"托名汉相，实为汉贼"的骂名。而且，不仅当时的人都这么骂他，后世近两千年间，曹操也一直是以"奸贼"或者说是"奸雄"的面目出现在历史上。

曹操想挟持汉献帝号令天下，怎奈诸侯不听；想将汉献帝抛弃，又担心自己"匡扶汉室"的招牌毁于一旦，从而招来

万世骂名；想取而代之，又怕引起更强烈的反对，成为天下公敌……所以，汉献帝实际上成了曹操食之无味、弃之可惜的一根鸡肋。

曹操进京后，在朝廷当权的人物中，以杨奉的兵马较强，率军守梁县（今河南临汝）。董承、韩暹留在京师。他们之间虽表面上联合一体，实际上却勾心斗角，矛盾重重。曹操决定先利用杨奉，便通过早已和自己友好、这时在朝廷任议郎的董昭，给杨奉写信表示愿意与他合作辅佐王室。此时杨奉正感势孤力单，见信大喜，对诸将说："曹操在许昌，离我们很近，有兵有粮，应该依靠他。"于是，他和诸将一同上表，请献帝拜曹操为建德将军，又迁为镇东将军，袭父爵为费亭侯。

这时，韩暹矜功专恣，董承对他不满，又无力对付他，便在暗中召曹操进兵。曹操大喜，亲率大军赶到洛阳，朝见献帝。韩暹自料不敌曹操，逃出京城。献帝任命曹操为司隶校尉，录尚书事，参与朝政。尽管如此，曹操想要巩固自己在朝廷中的地位，真正能够"奉天子以令不

臣"，还要费很大气力。有一次曹操问董
昭："现在我到了洛阳，你看今后应该怎
样做？"董昭回答说："将军兴义兵以诛
暴乱，现在又入朝天子，辅佐王室，这是
五霸之功。但是这里的将领们，各怀异
心，未必服从。留在洛阳匡弼朝政，必有
许多不便，最好的办法是将天子迁到许
昌去。但是朝廷几次迁徙，现在刚还旧
京，再移动恐怕会造成麻烦，愿将军权衡

利弊，采取对策。"曹操认为迁都许昌确实是个好办法，但又担心受到掌握精兵、屯驻于梁县的杨奉的阻挠。对此，董昭说："杨奉势孤少援，愿意同将军合作。将军迁为镇东将军，袭费亭侯，就是杨奉起的作用，应该及时选派使者重重答谢他，把他稳住。我们可以对他说：'洛阳已残破不堪，没有粮食，想暂时把献帝接到鲁阳（今河南鲁山）去。鲁阳离许昌

很近，粮食供应没有困难。'杨奉为人勇
而无谋，必定不会多疑。"曹操按董昭的
意见实行，杨奉果然信以为真。曹操便把
献帝转移到了许昌，改年号为建安，以许
昌为都城。献帝任曹操为大将军，封武
平侯。于是，曹操总揽中央大权，朝廷国
政先禀报曹操，然后方奏天子。从此，汉
献帝就变成了曹操进行统一战争的政治
工具。曹操用汉献帝的名义，任命荀彧为
侍中，守尚书事，任命程昱为尚书。之后

曹操又任命荀彧的侄子荀攸也担任尚书职，军队出征时，担任谋士。

（二）衣带诏事件

汉献帝看到曹操横行霸道，没把自己放在眼里，就想把曹操除掉。一天，献帝哭着对伏皇后说："朕自即位以来，奸雄并起，先受董卓之殃，后遭李傕、郭汜之乱。常人未受之苦，吾与汝当之。后得曹操，以为社稷之臣；不意专国弄权，擅作威福。朕每见之，背若芒刺。今日在围场上，身迎呼贺，无礼已极！早晚必有异谋,吾夫妇不知死所也!"

伏皇后悲叹道:"满朝公卿,俱食汉禄,竟无一人能救国解难?"此时,伏皇后之父伏完进言:"帝后休忧,吾举车骑将军国舅董承可除国害。"随后献计:"陛下可制衣一领,取玉带一条,密赐董承,早除曹操。"

献帝依计作一密诏,咬破指尖,以血书之,暗令伏皇后缝于玉带紫锦衬内,却自穿锦袍,自系此带,令内史宣董承入。

献帝说:"高祖起自泗上亭长,提三尺剑,纵横四海,三载亡秦,五年灭楚,遂有天下,立万世之基业。祖宗如此英雄,子孙却如此懦弱,岂不可叹!"随后又对董承说道:"朕想卿西都长安救驾之功,未尝少忘,无可为赐,今将锦袍赠之。望卿当衣朕此袍,系朕此带,常如在朕左右也。"

董承谢恩归家,夜深人静,将锦袍反复察看,并无一物。董承暗思道:"皇帝赐我袍带,命我细看,必非无意,今不见

甚踪迹, 不知为何？" 遂又取玉带细看,
反复寻之, 仍无他物。正欲伏几而寝, 忽
然灯花落于带上, 烧着背衬, 隐见血迹。
急取刀拆开视之, 乃献帝血书密诏。写
道: "朕闻人伦之大, 父子为先; 尊卑之
殊, 君臣为重。近日操贼弄权, 欺压君
父; 结连党伍, 败坏朝纲; 敕赏封罚, 不
由朕主。朕夙夜忧思, 恐天下将危。卿乃
国之大臣, 朕之至戚, 当念高帝创业之艰
难, 纠合忠义两全之烈士, 殄灭奸党, 复

安社稷，祖宗幸甚！破指洒血，书诏付卿，再四慎之，勿负朕意！建安四年春三月诏。"

　　董承阅毕，涕泪纵横，夜不成眠。事后通过多种关系，联络四方忠义之士，欲除曹操。不料，事情败露，曹操派人直入董承卧房内，搜出衣带诏及义状。曹操看后，怒火中烧，冷笑道："鼠辈安敢如此！"遂命"将董承全家良贱，尽皆监

禁，休教走脱一个"。曹操回府后，以诏状示众，急召众谋士商议，欲废献帝，更立新君。程昱进谏道："明公所以能威震四方，号令天下者，以奉汉帝名号故也。今诸侯未平，遽行废立之事，必起兵端。"曹操采纳程昱之议，只将董承等人及其全家老小押送各门处斩，被杀者共七百余人。

曹操杀了董承等人，怒气未消，遂带

剑入宫，来杀董承之妹董贵妃。董贵妃为献帝所宠爱，已怀身孕数月。当日献帝正在后宫与伏皇后私议董承之事至今尚无音信。忽见曹操带剑入宫，面带怒容，献帝大惊失色。曹操怒斥道："董承谋反，陛下知否？"献帝嗫声说："董卓已诛矣。"曹操横眉怒斥："不是董卓，是董承！"献帝知道玉带诏的事已经暴露，只好说："董承是有罪，应当法办。"曹操得寸进尺，说："董承之妹在宫中，也应拿下。"说完喝令兵士擒拿董贵妃，一会儿董贵妃被抓了来，献帝哭着哀求曹操，说董贵妃已有身孕，望丞相见怜。伏皇后也

请求先将董贵妃贬于冷宫，等她生了孩子再治罪。曹操不理帝后的请求，命卫士将董贵妃推出宫外处死。献帝毫无办法，眼看着董贵妃被活活勒死。此后，曹操进一步加强了对皇室的控制，汉献帝犹如笼中鸟，彻底失去了自由。

七、曹魏代汉

（一）伏皇后之死

建安十三年（208年），曹操废除"三公"，恢复汉初的丞相职位，他自己当了丞相，把朝中权利都集中到自己手里。又示意左右为他歌功颂德，提议为他晋爵国公。献帝无奈，只好封曹操为魏国公，兼加九锡。

就在曹操当上魏国公时，几年前发生的一件事情被人告发出来了。在董贵妃被曹操处死之后，伏皇后担心自己落得和董贵妃同样的下场，便给其父伏完写信，信中历数曹操罪恶，要伏完想法杀掉曹操。伏完收信后始终未敢行动，没想到在伏完死后的第五年，伏家的一个仆人将伏皇后给伏完的信交给了曹操。曹操看过信后，立即到宫中胁迫献帝废掉伏皇后。献帝不忍心，曹操就把早已拟好的诏书拿出要献帝盖玺。

　　诏书送到宫中，伏皇后不得不交出皇后的印玺。正当伏皇后欲离开皇宫时，曹操派华歆带着一群兵士杀气腾腾地冲进宫中。伏皇后吓得钻进夹壁墙，华歆揪着她的头发把她拖到殿外，正在殿外的献帝见此情景悲痛得泪如雨下。伏皇后连声呼喊献帝救命，献帝哭着说："我也不知会死在哪一天啊！"华歆不管这些，当即把伏皇后和两个孩子毒死，接着又将伏家满门抄斩。

　　伏皇后死后，曹操又胁迫献帝将自己

的女儿曹贵人册封为皇后，献帝不敢不从。曹操把自己凌驾于献帝之上，但他并不废除献帝，不做将自己放在炉火上烤的蠢事，他想和周文王一样，把改朝换代的事留给自己的儿子去完成。

（二）曹魏代汉

延康元年（220年），曹操病死，曹丕当了魏王。汉献帝下诏封他为丞相。

亳州城里仿佛迎来了盛大的节日。

刚刚继位为魏王的曹丕率军队回到家乡，在城东大飨六军及谯城的父老乡亲。乡亲们只要愿意去，即为座上客，大块吃肉，大碗喝酒，席间还设伎乐百戏，并立坛于故宅，建大飨堂，坛前树碑，碑题曰："大飨之碑"，此碑由钟繇篆额，曹植撰文，梁鹄书写，被当时的文人墨客称为"三绝碑"。曹丕手擎金爵，一桌又一桌地为年高德劭的乡亲们敬酒，他说："各位父老可曾记得，四十五年前，一场强烈的尘暴席卷谯县大地，房屋被摧毁，树木被拔起，狂风旋着沙石直上青天，状似黄龙，在空中久久不散。大家都惊骇不已，太史令单却推断沛国以后会有帝王出现，黄龙就是帝王的征兆。不想，单大夫的预言今天果然印证了。这不光是我们曹氏父子的荣耀，更是咱谯城百姓的光荣啊。"全场顿时山呼万岁。

三个月后的许昌，汉献帝的宫殿里，

一场内容相同、形式不一的活动也在进行。华歆等一班文武，入见献帝，华歆奏道："魏王自登位以来，德布四方，仁及万物，越古超今，虽唐虞不过如此。刚才群臣召开了会议，一致认为汉祚已终，望陛下效尧舜之道，以山川社稷禅于魏王。上合天心，下合民意，而陛下则可以安享清闲之福，祖宗幸甚。"献帝大惊失色，半晌无语，少顷痛哭道："朕想高祖提三尺剑，斩蛇起义，平秦灭楚，创造基业，世

代相传，已经四百年了。我虽然无才，但也没有过失，更无罪恶，怎么忍心将祖宗之业等闲弃了？"王朗奏道："自古以来，有兴必有废，有盛必有衰，谁见过不亡之国，不败之家？汉室相传四百年，延到陛下这一代，气数已尽，应该及早退避，迟了就会发生变故。"在此形势下，献帝不禁放声大哭。出门观看，阶下披甲持戈者数百人，皆是魏兵，汉献帝自思：与其让别人推翻，不如主动让出皇位，保住性命。于是哭着对群臣说："我愿意将天下

禅让给魏王，幸留残喘，以终天年。"于
是颁发一道诏书，禅位于曹丕。

汉献帝连下三道诏书，说："我在位
多年，没有什么功德。现在天意民心都向
着曹氏，我情愿把皇位让给魏王。"曹丕
怕别人说他是篡位，仍故意推辞。大臣们
猜透了他的心事，就想了个办法，让献帝
造了个授禅台，选了个黄道吉日，举行隆
重的禅让仪式，这样曹丕也就不再推辞
了。在大臣们的欢呼声中，汉献帝体面地

下了台，曹丕兴高采烈地登基做了皇帝。

曹丕称帝后，封退位的献帝刘协为山阳公，曹皇后为山阳公夫人，勒令搬出宫去，但仍然可以用汉天子礼乐，保留汉朝祭祀以及庙号等特权，算是另眼看待了。另外还给了献帝一块封地，作为养老之用。14年之后，即魏青龙二年(234年)，献帝去世，终年54岁。魏明帝曹叡以汉天子礼仪将其葬于禅陵，谥号为献皇帝。